Andrea Rubini

"Frammenti di Vita"

Attimi, momenti, stati d'animo e deliri

di una mente semplice.

Edizioni Youcanprint

Titolo | Frammenti di Vita

Sottotitolo | Attimi, momenti, stati d'animo e deliri di una mente semplice

Autore | Andrea Rubini

Illustrazione di copertina a cura dell'Autore

ISBN | 978-88-66187-91-2

Edizioni Youcanprint
Via Roma, 73 - 73039 Tricase (LE) - Italy
Tel./Fax +39/0833.772652
www.youcanprint.it
info@youcanprint.it
Facebook: facebook.com/youcanprint.it
Twitter: twitter.com/youcanprintit

DEDICHE

Questo libro lo dedico in primis a mia moglie Chiara compagna della mia vita dove con lei ho tutto e senza di lei sarei niente poi, ai miei tre figli Marco, Simone e Luca ragion per cui la vita ha un senso ed è meritevole di essere vissuta.

Lo dedico inoltre a mio padre e mia madre perché senza i nostri genitori non potremmo definirci persone ed a mio fratello Alberto e mia sorella Sabrina compagni instancabili ed onnipresenti nel mio crescere.

A voi tutti grazie.

NOTA DELL'AUTORE

Questo libro nasce dalla mia personale necessità di raccogliere alcuni dei miei scritti che a partire dal 1999, ad oggi, sono stati la trasposizione su carta di quello che è il mio pensiero e la mia maniera di approcciare alla vita, maturata nel percorso della mia esistenza che ancor oggi è in continuo contrasto ed evoluzione.

Spero di riuscire a trasmettervi attraverso la lettura di esso quelle emozioni che maturando in me sono sfociate in questi scritti.

Il mio scrivere nasce chiaro nella mia mente generandomi uno stato di irrequietezza e disagio che, viene a placarsi solo quando esso prende forma attraverso parole, frasi e componimenti che presto vi accingerete a leggere.

Mi definisco una mente semplice e ciò traspare nella semplicità del mio scrivere che non vuole e non deve essere un insegnamento per nessuno ma, la speranza è che almeno esso sia di aiuto per riflettere su tutte quelle cose che seppure sapute, come tali, a volte o molto spesso, vengono sottovalutate se non addirittura dimenticate.

Ma senza ulteriori indugi o per non annoiarvi, vi faccio il mio personale invito alla lettura con la speranza che leggero sia il leggere come leggero è stato per me lo scrivere questo libro ed allora vi auguro una sincera <u>buona lettura</u>.

"Riflessione"

Un giorno ho pensato di riuscire,

un altro di non farcela,

un altro ancora di esserci,

esistere, essere …

Poi, svegliandomi e diventando conscio di quel che sono,

ho capito di possedere qualità, qualche pregio e molti difetti.

Ero finalmente certo di possedere qualcosa,

che poi sono arrivato a capire cosa,

era <u>solamente</u> il grande attaccamento alla vita che, mi portava

a viverla, assaporarla e trarre da essa quegli insegnamenti che

mi hanno reso quel che sono:

saggio? … maturo?... concreto? ...

Non so … comunque di una cosa sono sicuro:

oggi sono "io"! Questo mi basta per progredire nel tanto,

troppo, mai sufficiente tempo che mi rimane per vivere la mia

vita da protagonista, per assaporare appieno ogni attimo della

mia esistenza, perché esisto in quanto sono.

"Il sole"

Il sole tende alla notte all'imbrunire,

una nuova luna sta per arrivare!

Cosa ci riserverà l'oscurità? Cosa?

Una nuova notte da vivere

per poterla superare oppure,

un sonno ristoratore che all'indomani

ci potrà traghettare?

Una cosa è sicura, quella luce

che sostituisce la notte bruna,

all'indomani tornerà a sorgere splendente,

nell'accendersi di una stella di grande mole

e tornerai ad illuminarci, o grande sole.

"Il silenzio"

Il silenzio mi piace,

tutto tace e sono in pace.

Dove tutto è silenzio e giace,

ascolto la natura che mi parla

ed il mio animo esulta.

Esulta di gioia nuova,

nel silenzio il mio udito si rinnova.

Tutto adesso viene ascoltato,

quando invece c'è rumore,

anche il più piccolo suono è sovrastato.

Amo il silenzio e, sono d'accordo

a dire che è <u>d'oro,</u> perché quello

che avverto è il mio cuore che si diletta in un assolo,

facendomi sentire il rumore della mia vita

che pulsa, freme e scalpita

e quando anch'esso diverrà silenzio,

non si avrà più tempo di ascoltare!

"La notte"

La notte mi strega,

mi dà gioia e mi rende persona serena!

Mi fa sentire ubriaco di vita;

la mia anima di notte è rapita!

Rapita in un'oscurità appagante, viva, mai sola o disperata,

che se bene trascorsa, la successiva giornata sarà migliorata;

da ricordi, pensieri, racconti metropolitani

che sembrano tanto lontani,

ma sono solo di poche ore passati!

La notte, amica, consigliera, rivelatrice ed istitutrice,

ma soprattutto, momento di gioia pura,

in cui l'inibizione si perde come in una buca cupa

e la luce che rischiara il buio è fioca, dolce, romantica ed è

solo una:

è la splendida luce della luna!

"La vita"

La vita, come un percorso che si snoda nell'arco degli anni della nostra esistenza; a volte lineare, a volte tortuoso, accidentato ed erto dove la fatica di vivere la fa da padrona. Noi, esseri umani fragili ma forti, seriosi ma sorridenti, ingenui ma scaltri. Noi, essenza piena del nostro essere, che ci rende simili ma diversi dagli altri. Che splendido viaggio la vita racchiuso in questo corpo fallibile che, come una montagna esposta al vento ed agli agenti atmosferici viene erosa, noi veniamo attaccati da tutto quello che il vivere ci riserva e, come il vento che modella le alte vette e lascia in esse segni indelebili, così gli anni e tutto ciò che racchiudono, lasciano sulla nostra pelle segni anch'essi indelebili ma, ricorda sempre che il tempo tutto cancella e tutto rimargina e l'unica cosa che non si può cancellare sono le ferite del cuore che comunque vale la pena di avere!

"E ancora la vita"

A volte non ci rendiamo conto del grande dono che Dio ci ha
fatto: "la vita!"
Non si è limitato a darla a noi ma
ci ha permesso, a nostra volta, di donarla.
Che bello è stato quando ho visto nascere
la vita con te, figlio mio! Vederla scorrere nei tuoi occhi,
battere al ritmo del tuo cuore e sentirla fluire nella
leggerezza del tuo respiro.
Questa vita che nasce perfetta, nell'armonia di un corpo,
che quando sano, è un meccanismo perfetto.
Da noi viene poi bistrattato, maltrattato, inquinato e,
quando il grado di sopportazione raggiunge il limite,
la vita defluisce dal nostro corpo leggera, come leggero
è stato il primo respiro, il primo battito del piccolo
organismo, che in principio tutti siamo.
Che bella esperienza la vita, vivila come dono e come tutte le
cose non eterne scemerà ma se hai costruito una grande
anima, non morirai mai!

"Pensiero"

Silenzio,

nell'istante rotto dal perpetuo battito di una vita che scorre.

Il fragore di un respiro lento che di ossigeno vitale il corpo

riempie.

I gesti lenti di una notte trascorsa nel riposo di stanche

membra fiaccate da una giornata vissuta.

Ed ora, con un semplice sbattere di ciglia, riapriamo

gli occhi sul mondo che ci circonda rendendoci conto

della vita che abbiamo ancora da spendere.

La sentiamo pulsare a ritmo del nostro cuore,

penetrare nel nostro corpo con un semplice respiro e

ci rendiamo conto di quanto essa per noi è preziosa.

Non sperperiamola ma viviamola appieno godendo

di ogni singolo istante!

La tua forza è la tua vita ed essa si fermerà come un orologio

quando del tuo cuore si udirà l'ultimo battito. Ora ne sei

cosciente: "sei vivo" ma, soprattutto, vivi!

"I sensi"

I nostri sensi che uno ad uno e messi tutti assieme,

riescono a trasmetterci, infonderci, sensazioni,

stati subliminali che senza non riusciremo neanche

ad essere sicuri di essere vivi.

La meravigliosa vista che già appena nati ci colma

di stupore innanzi alla più semplice delle immagini;

l'udito che di leggiadri suoni ci colma l'animo e di brutti

rumori ci disturba l'orecchio.

L'olfatto che già prima di poter degustare qualcosa di

sublime ci permette di prepararci appieno a farlo;

il gusto col quale assaporiamo il buono ed il cattivo delle

cose, allietandoci il corpo e lo spirito o sdegnandoci,

rattristandoci. Ma quello che, passando attraverso gli altri, io

preferisco è il tatto che ci permette di sentire, attraverso il

contatto, la consistenza delle cose e delle persone. Uno è

consecutivo all'altro e, se ne mancasse uno, mancherebbe

l'essenza stessa del vivere sereni.

"Il cuore"

Ti svegli e ti accorgi che lui non è mai andato a dormire.
Attivi le articolazioni, ti metti in moto e ti rendi conto che
lui non ha mai smesso di muoversi…..guai il contrario!
E' lui il motore della tua vita, colui per il quale l'essenza
stessa di lei esiste.
Grazie a lui, ed al suo lungo lavoro, riusciamo ad avere
un breve\lungo periodo da poter chiamare vita.
È il nostro cuore che racchiuso in noi, con i suoi continui
battiti, scandisce il tempo come il tic-tac dell'orologio della
nostra esistenza, si fa sentire quando uno sforzo diventa duro,
quando uno stato d'animo è esasperato ma, è silenzioso
all'udire poco attento, quando pulsa con regolarità tale da non
disturbare. E' l'unico suono che non ci stuferemo mai di
sentire perché solo grazie a lui siamo persone vive e attive.

"Amore"

Quando ami una persona custodiscila come un tesoro

che nel mondo è il più grande, il più prezioso e di molto

o tutto è la fonte.

Fonte del tuo sorriso, fonte delle tue gioie, sofferenze e

amore; fonte di un qualcosa che tra tutto ti rende forte,

diverso, ed a tratti come dirlo non si sa … ma, quando senti il

pianto di quella piccola creatura che è tuo figlio, puoi solo

esserle grato per averti reso papà.

Ti amo! A volte si dimentica di dirlo e si farebbe bene a

ricordarlo per rinfrescare l'importanza di quanto di lei è in

voi con semplici parole che uscendo dal cuore si

materializzano con questo pensiero :

"Ti amo e ti stimo ma, soprattutto, ti sono grato per tutto

quello che in me hai infuso; ti amo con parlare confuso ma,

con il cuore certo che il mio amore è e sarà solo e sempre

tutto per te. Grazie!".

"Ricetta d'amore"

Una ricetta andiamo ora a preparare se un uomo e

una donna si vuol far innamorare.

Prendi un pizzico di pazienza ed amalgamalo

a due pugni di attenzione, dedizione e, una

spolverata di allegria.

Lavora adesso tutto insieme con vigore

introducendo, mano a mano, la gioia,

il romanticismo e, di complimenti non elemosinare.

Dedica sempre almeno 5 minuti all'ascolto e

la comprensione e, prima di infornare, per goderti il risultato,

ricorda sempre che se non aggiungi una dose massiccia di

amore,

sicuramente, quello che hai ottenuto, non è il migliore

risultato e,

non potrai condividerlo ed al meglio assaporare.

"Per te"

Sono nato, ho sofferto, sono cresciuto e

sono stato amato; ora che corro solo,

verso il futuro della mia vita, mi accorgo di

avere in te, amore mio, un'alleata preziosa.

Con te tante cose devo saggiare per potere

insieme progredire ma, di una cosa sono sicuro,

il tuo amore per me è puro stimolante e fa sembrare

il resto niente.

Adesso solo tu puoi aggiungere qualcosa al grande

capitolo del libro della nostra vita, puoi sposarmi ed amarmi

per renderci uniti e mai sazi di quel bisogno di più

che puoi e devi essere solo e solamente tu.

"Genitore"

Adesso vi voglio parlare del più difficile mestiere che uno possa fare: " il genitore". Non c'è corso che ti possa preparare, come un attore, senza copione, devi improvvisare. Richiede sì sforzo fisico ed enorme fatica ma, senza amore, non ce la fai mica! Il tuo bambino è lì che sembra sempre pretendere ma, quando lo guardi così indifeso, fragile, e delicato, allora capisci che anche per lui deve essere stato un trauma essere nato! Per fare il genitore di pazienza devi averne tanta e, alcune volte, ti accorgi che non è mai abbastanza. Quando sei triste e ti senti sconfortato, ricorda che tuo figlio di nascere non lo aveva domandato ma, soprattutto, guarda i tuoi genitori e pensa che anche per loro deve essere stato difficile l'averti allevato comunque, di amore non ti hanno privato e guardandoti, bene sembri cresciuto. A tutti i genitori solo un grazie si può dire e l'esempio in futuro, sperimentare. In conclusione per fare il genitore due cose sono fondamentali: tanto amore e dedizione per vostro figlio che non devono mai mancare!

"Sei nato"

Sei nato, ero presente,

sei nato, Oddio quant'è importante.

Sei nato, totalmente indifeso,

sei nato, per 9 lunghi mesi sei stato atteso.

Sei nato, hai bisogno d'amore,

sei nato, spero ti basti tutto il nostro cuore.

Sei nato, hai bisogno di cure,

sei nato, vivrai tra braccia sicure,

sei nato, e non hai mezze misure.

Sei nato, dovrai essere nutrito,

sei nato, ed i nostri cuori hai totalmente rapito.

Sei nato, ci hai reso tronfi di gioia e totalmente felici,

sei nato, e solo per questo ci piaci.

Sei nato, è una cosa così bella,

sei nato, e la vita non è più vuota,

sei nato, che splendida cosa.

Sei nato, per noi sei il meglio,

solo perché sei il nostro splendido figlio.

"Figlio"

Ti guardo e guadagno serenità,

ti abbraccio e genero amore,

ti bacio e capisco quanto è bella la vita.

Amore, serenità e bellezza fugano

da me ogni tristezza.

Quando ti penso, ogni giorno

trascorso con te, diventa pieno di ogni senso.

Il tuo essere fragile mi fa sentire forte;

il tuo essere piccolo mi rende grande;

il tuo essere indifeso mi fa capire

quanto devo difenderti.

Tutto questo racchiude la parte di me

che può essere considerata il meglio e,

scusa se di te non ho detto tutto ma,

è giusto che ognuno che ti incontra possa capirlo,

a sua volta, il tuo meglio, ed è giusto che ti conosca per

quello che rappresenti: il nostro piccolo, bello, meraviglioso

"Figlio"

"Leggerezza"

Ti guardo mentre dormi,

ti guardo mentre mangi,

ti guardo mentre giochi e,

mentre ti guardo, mi accorgo

che anche tu mi guardi e,

con il tuo sguardo ti perdi.

Allora mi chiedo chissà cosa pensi e,

poi dal tuo sguardo, realizzo il tuo

pensiero e mi spiazzi:

"a papà ma che te guardi!!!!"

"Dormi"

Son qui e ti guardo disteso sul mio corpo,

con la testa poggiata sul mio petto, rilassato,

con i tuoi arti fermi, sei qui che dormi.

Il rumore del tuo respiro mi fanno sentire

quanto sei beato, addormentato.

Osservo ogni piccolo particolare

della tua sagoma rannicchiata e, capisco che,

non c'è nulla che renda una persona beata,

come una semplice dormita.

Capisco che il dormir ti è sereno anche perché

con me ti senti protetto appieno e, il dormir

tuo profondo e rilassato, rende anche me beato.

Mi sento importante perché il tuo corpo sono

qui a sorreggere e, la tua incolumità, proteggere.

Adesso l'unica cosa che, al tuo risveglio, mi ripagherà,

sarà sentirti pronunciare la parola Papà!

"Bambino"

Mi piacerebbe poter essere come te e,

far tornare i miei sensi agli antipodi.

La meraviglia che si prova ogni volta

che si osserva qualcosa per la prima

volta; lo stupore nell'udire ogni singolo

suono/rumore che non si era udito prima.

La particolarità del toccare cose di consistenza

diversa e constatarla mordendola.

Cosa dire poi degli odori che ci inebriano

o infastidiscono l'olfatto per passare

subito dopo alla bontà che ci sazia e

ci appaga con il gusto del nutrimento.

Insomma, mi piacerebbe tornare ad essere

bambino ma, non per regredire,

per un fattore di età ma, per riacquistare lo stupore e la

meraviglia del vivere, priva di ogni contaminazione

negativa che la società ci impone vivendo.

"Fanciullo"

Osserva sempre il mondo con la spensieratezza del
fanciullo che, in ognuno di noi si trova nella parte più
recondita del nostro animo.
Vivi la tua vita accontentandoti di quello che hai e non patire
per quello che non puoi avere.
Sii sempre soddisfatto di quello che fai e, cerca sempre di
progredire per non vivere il senso di immobilità
che tutto annulla, dove poco vale molto e del di più
non te ne fai nulla.
Cerca sempre di essere sereno così anche quando
la tua vita ti può sembrare, in apparenza, colpita
dalla più brutta turbolenza, nel tuo cuore,
se sereno, si ergerà il più grande arcobaleno,
misto di colori, umori e gioie che tutto cancella e,
tutto rinnova.

"Grazie"

Un giorno ci trovammo Dio a ringraziare

visto che un suo angelo ci ha voluto donare.

Direttamente dal cielo sei arrivato e

i nostri cuori di gioia hai riempito.

Ci sentiamo felici e fieri visto che la vita

di oggi è più bella, con te, di quella di ieri.

Ti amiamo e ti aiuteremo a crescere sano,

amato, porgendoti sempre le nostre mani,

per accompagnarti nel tuo domani.

Che bello vederti felice, sereno e sano,

io e la mamma ci saremo sempre per te e,

tu potrai approfittarne, per non sentirti mai solo.

Grazie per essere nato, grazie per averci

accettati anche con semplici sguardi,

grazie per quando ci guardi e, con te,

sentiamo di aver espresso il meglio,

grazie frutto del nostro amore,

o più semplicemente, grazie splendido figlio.

"Da papà"

Seppur distratto mi volto e ti vedo, il mio sguardo,
a te rivolto, è rapito. La bellezza della semplicità della vita in
te è manifesta. Che bello guardarti negli occhi e sentirsi rapiti
nella naturalezza di sguardi che la vita non ha ancora
contaminato. Il mio cuore si riempie di gioia quando dalle tue
labbra, un semplice suono o una semplice parola, fuoriesce
come una melodia che inebria il mio udito e il mio animo
cheta. Sei stupendo nella magnificenza della naturalezza del
tuo essere persona. Guardandoti rivedo in te una parte di me
che reputo la migliore, la fanciullezza, periodo di libertà
interiore e di gioia semplice ed incondizionata. Grazie perché
anche un tuo semplice cenno con la mano, uno sguardo, un
verso biascicato, mi fanno capire quanto sono fortunato ad
averti. Quando poi mi chiami papà mi fai sentire uomo forte e
affronto la vita con più vigore, cerco di non fare nulla, che di
tutto questo mi priverà.
Ti amo, figlio mio.

"Introspezione"

Adesso fermati, spegni la televisione e,

in silenzio, guardati intorno, ed in un solo

istante, ti puoi rendere conto di essere

lo spettatore di uno spettacolo che,

ai tuoi occhi, risalterà come unico.

É stato sempre lì davanti ai tuoi occhi,

ma, i troppi pensieri, le molteplicità delle

cose da fare, non ti hanno permesso di

scorgerlo nell'interezza della sua grandezza.

È bellissimo, perfetto e, pieno di tutto quello

che ci deve essere, per renderlo grandioso, appariscente e,

come la stella più luminosa o la più grande gemma,

semplicemente, brillante.

È interessante, mai frivolo e banale, è carico d'amore e gioia

in proporzioni tali che il tuo cuore sembra stia per far

scoppiare. Insomma è il meglio del meglio e, pensa, che tu lo

chiami semplicemente: "<u>figlio</u>".

"Ti voglio bene"

Guardando te, figlio mio, capisco quanto sia bella e meravigliosa l'essenza umana pura e cruda, priva di condizionamenti e malizia.

È bello vedere nei tuoi atteggiamenti, e comportamenti, esplodere il tuo vero essere, senza vincoli di sorta che, andrebbero a camuffare, la splendida creatura che tu sei.

Ti amo, ti ho amato e, giuro di amarti per quello che sei e, non mi importerà se quello che vorrai essere, non prende spunto da ciò che io vorrei che tu fossi.

Perché l'unica cosa che mi auguro, e auspico per te, è che tu sia felice sotto qualsiasi forma decida di esserlo perché, quando tu sei felice, io lo sono con te e, non conta il come ed il perché di ciò.

Ti voglio bene!

"Piccolo"

La purezza e la semplicità di un piccolo sguardo,

l'essere cristallino racchiuso in un piccolo individuo,

l'assenza di malizia che racchiude il tuo parlare,

tutto riassunto nella magnificenza di un individuo

piccolo ma grande, giovane, ed al tempo stesso,

affamato di sapere. Tutto ciò che ti rende grande anche

fragile e ti porta a vivere in quella zona che per noi si può

paragonare, della vita, l'olimpo, sei tu meraviglioso bimbo.

Ti amo incondizionatamente ed illimitatamente,

tu che mi rendi, con un semplice sguardo,

da uomo grande ad essere fragile. Tu che fai pulsare il mio

cuore fino allo stremo delle forze e ancora di più, tu che mi

rendi migliore ogni volta che mi guardi e mi declami, con

parole confuse o biascicate il tuo amore e soprattutto, mi fai

sentire onnipotente quando mi abbracci e mi fughi da tutte le

mie pene e mi dici con forza:

"papà … Ti voglio bene!"; e la gioia diventa infinita quando

continui dicendo: "sei la mia vita!".

"Tu"

Volgi il tuo sguardo all'orizzonte, siediti sulla riva di un torrente, inala la dolce brezza di un vento primaverile e lascia che il tuo essere possa prendere il via dal tuo corpo e come l'acqua defluire.

Rilassa la tua essenza, sii di te stesso la cosa di cui non faresti mai senza e quando ti sentirai in equilibrio, lascia che la gioia ed il brio scorrano in te come l'acqua del rio.

Molla le redini del tuo carattere teso ed incompreso e fa si che entri la saggezza che si manifesta con l'esigenza di un momento, un attimo, dove tutto il bagaglio chiuso in un frammento viene fuori senza stento o indugio alcuno tirando fuori quello che in te è insito, racchiuso e quando ti viene da dire: "tanto è lo stesso!"; ricordati che invece quello che traspare è qualcosa di più spesso: sei tu, sii te stesso.

"Mamma"

Mamma ma soprattutto donna, di pregi e difetti, coraggio o paura, perché la vita con te è stata molto dura!

Ti voglio bene, ed oggi più di ieri, ti ascolto, ti apprezzo e provo per te un amore che nel mio cuore si infonde come da una fonte infinita, ti amo per avermi dato la vita!

Non sarai la persona più perfetta ma ripenso a te quando per te ero e sono la ragione per la quale il tuo animo si danna, mi ripaghi sempre con affetto ed io, non posso non amarti, sei la mia <u>Mamma</u>.

"Papà"

Ti ho voluto, ti voglio e ti vorrò sempre bene non per quello che hai fatto o che presto ti affretterai a fare per me ma solo per quello che sei, l'unico vero punto cardine della mia vita, intorno al quale tutto ha ruotato, ruota e ruoterà.

Ti voglio bene per tutto quello che la vita mi riserverà perché, è anche grazie a te, che un futuro ed un avvenire ci sarà.

Ti voglio bene per la splendida persona che sei in tutta la tua integrità, ti voglio bene perché semplicemente tu sei il mio Papà!

"Nonna"

Che splendida donna è la mia nonna!

Di semplicità innata, carattere vivo e sanguigno;

schietta, diretta e genuina ma anche simpatica,

riservata e grande lavoratrice, mai stanca in apparenza,

combattiva come una bersagliera del suo comunismo di

colore e bandiera che la fa' sentire Italiana fiera.

A volte un po' pesante e petulante del lavorare che non si

deve, mai superficialmente, affrontare.

Comunque sia o fosse, non ci si può lamentare di questa

piccola creatura che tanto a tutti ha saputo dare, piena di

quella generosità che in te si è fatta donna, per me sei l'unica,

la più grande, la più forte: sei la mia Nonna!

"A mia nonna"

Ogni volta che ti guardo la tua figura, se ancor più piccola, è sempre ritta e fiera.

Generale ti ho sentito chiamare per il tuo deciso e fermo parlare.

Un plotone al tuo compleanno ho visto schierato, era l'intero tuo parentato.

I tuoi occhi furbi e vispi raccontano l'intero intercalare di eventi in tanti anni visti.

La tua forza ti tiene saldamente attaccata alla vita visto che a povertà, miseria e fame, sei sopravvissuta.

All'anagrafe di tuoi anni se ne contano novanta ma per il peso che hanno, ci si avvicinerebbe, forse, se si sommassero con altri novanta. Cavaliere di dote indiscussa ma di cavallo nemmeno la puzza. Scusa, volevo scherzare, perché davvero sei una grande donna, a dimenticavo, sei anche la mia super nonna!

"Bella"

Cadendo nei tuoi occhi sono atterrato sulla tua anima. Circondato da molteplici stati d'animo mi sono sentito inquieto. Ciò che ho visto è paragonabile alla più bella giornata di sole e tutto può essere descritto in una semplice ma efficace riflessione: "Bella è la tua anima che rende più bello il tuo essere. La varietà della tua essenza non può essere racchiusa all'interno di semplici scritti e la consistenza di quel che sei non è descrivibile in un narrato che tutto può racchiudere ma nulla è veramente contemplato. Allora senza indugio e senza di parole fare sperpero, mi accingo a racchiudere di te tutto, con una piccola parola che ti descrive tra tutte come stella, non posso far altro che dirti semplicemente……..Bella!

"Parentesi"

Un giorno ti parlerò di me, di quello che sono stato e quale percorso interiore ho intrapreso per divenire quel che adesso sono. Nessuna scuola, migliore della vita, riesce a forgiarti nel fisico e nell'animo.

Niente di più del vivere ti può rendere migliore nel corso della tua esistenza. Colui che rifiuta di mettersi in gioco, rischiare, anteponendo se stesso a tutto quello che richieda di mostrarsi nudo, privo della razionalità che tutto uniforma, non sarà mai in grado di far capire la vera essenza del suo essere! Non vergognarti mai di quel che sei, per non mostrarti nel modo in cui gli altri vorrebbero che tu fossi per poter sempre essere empio ed ebro della tua vera essenza così da essere amato genuinamente, incondizionatamente, senza vincoli e limiti.

Sii sempre <u>Tu!</u>

"Tempo"

La vita, una continua corsa contro il tempo, tiranno e nemico dell'uomo. Hai tempo e perdi tempo; non hai tempo e continui a tardare. Tempo inteso come attimi, secondi, minuti, ore, giorni che, susseguendosi, scandiscono la cronologia del vivere. L'unica medicina che riesce a sanare il fisico e l'animo feriti, dall'intercedere inesorabile del tempo, è poter dire comunque: "tutto a suo tempo". Tempo, amico/nemico dell'uomo perché esso tutto cancella e tutto rimargina solo che, con il suo continuo intercalare, inesorabile, pur scandendo le fasi della nostra vita, purtroppo, ci invecchia. Ricordati sempre che chi non ha tempo farebbe meglio a trovarne e che il tempo è superiore al vivere stesso e quando ti ricorderai di godere di questo tempo ritrovato, che anche se breve, sarai appagato pienamente. Comunque, l'unica cosa che non si può quantificare, sotto forma di tempo, è la felicità, che nella vita, non aspetta tempo!

Ringraziamenti

Volevo ringraziare tutte le persone che mi hanno sostenuto ed invogliato alla stesura di questo libro, tutti i miei cari e soprattutto mia moglie, che con il suo sostegno è stata la vera fautrice di esso.

*Un ringraziamento particolare al mio ex professore di tecnica delle scuole medie e mio attuale grande amico **<u>Agostino Turchetti</u>**, autore del disegno di copertina che rappresenta uno scorcio del mio paese d'origine(Paliano in provincia di Frosinone), non solo per averlo realizzato ma anche per avermi autorizzato e suggerito di impiegarlo per la copertina, grazie.*

*Ma un grazie particolare va a tutte le persone che hanno voluto condividere i miei <u>frammenti di vita</u> attraverso la lettura, **<u>Grazie.</u>***

Indice

Finito di stampare nel mese di Marzo 2012
per conto di Youcanprint Edizioni